AF297569

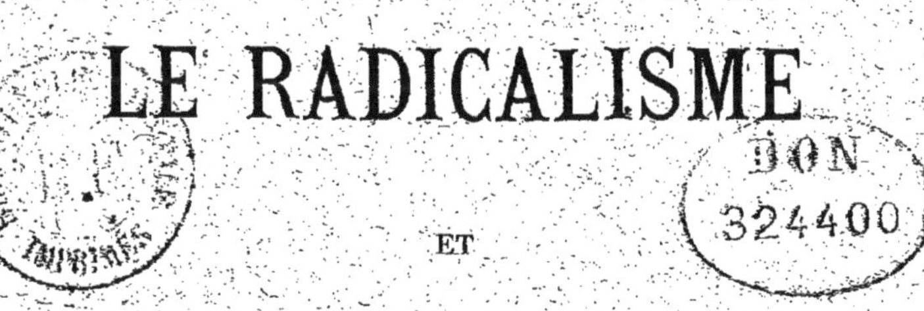

LE RADICALISME

ET

LE SOCIALISME

CONFÉRENCE PUBLIQUE

PAR

ADHÉMAR SCHWITZGUÉBEL.

SAINT-IMIER

1876

LE RADICALISME ET LE SOCIALISME

Le Comité central de la Fédération ouvrière du district de Courtelary m'ayant honoré d'une invitation à donner une conférence publique, j'ai choisi comme sujet de cette conférence *le Radicalisme et le Socialisme*.

Le parti radical, dans tous les pays, se présente au peuple comme le parti le plus avancé, le plus conforme aux intérêts populaires, tandis qu'il veut faire passer les tendances socialistes, soit comme une folle tentative, soit comme une combinaison criminelle de gens misérables et envieux.

Poussé par les événements de ces dernières années, le parti radical a fini toutefois par s'affubler d'un manteau socialiste couleur rose, et, selon les circonstances électorales, on fait miroiter aux yeux du peuple certaines réformes sociales des plus anodines, mais que l'on fait passer pour des panacées. Je crois donc qu'il n'est pas inutile de mettre en présence les tendances radicales et celles du socialisme, non-seulement d'une manière générale, mais en les examinant parallèlement sur chacun des points essentiels qui constituent notre vie économique et politique.

Il est clair que, dans ce travail, je dois faire abstraction de toutes les petites nuances locales, et que je dois m'en tenir aux manifestations générales des partis.

Le parti radical ne porte pas partout la même dénomination ; en Suisse, par exemple, dans la politique fédérale, le parti avancé s'intitule parti *radical* ; en politique cantonale, dans certains cantons, le parti avancé prend le nom de *démocrate*, dans d'autres celui de *radical*, dans la plupart celui de *libéral*. Ces diverses dénominations sont toutes des expressions différentes de cette même tendance à opérer les réformes en conservant les bases actuelles de l'ordre économique et politique.

Le socialisme, aujourd'hui, n'est plus l'expression de telle ou telle école systématique ; par le mouvement général des clases ouvrières, par l'Association internationale des travailleurs, par la Commune de Paris, le socialisme est devenu l'expression des tendances des masses travailleuses, non seulement à améliorer leur position, mais à s'émanciper complétement de la domination et de l'exploitation bourgeoises.

Maintenant que nous nous sommes reconnus, abordons le terrain pratique ; nous nous reconnaîtrons mieux encore.

Ce qui constitue le fond essentiel de l'existence des individus et de l'humanité, c'est certes la question économique, la question du pain. C'est par elle que j'aborderai cette étude.

En plaçant en première ligne la question économique, nous nous trouvons tout d'abord en contradiction avec toutes les nuances du parti radical. Chez les hommes d'Etat comme chez les hommes de l'Eglise, nous constatons un souverain mépris pour ces misérables questions matérielles, tandis qu'ils exaltent les questions politiques et religieuses. L'idéal de l'humanité, selon eux, ce n'est pas une constitution scientifique de la propriété, de la production, de l'échange, de la circulation, c'est un Etat puissant, une Eglise consolatrice des misères de ce monde.

Les politiqueurs aussi bien que les théologiens sont impuissants à arrêter la marche des événements, et nous constatons que les questions économiques s'imposent chaque jour davantage, tandis que la décadence réelle des Etats et des Eglises, malgré leur puissance artificielle actuelle, devient inévitable.

Qu'entend-on par questions économiques ? Ce sont les questions se rattachant à la constitution de la propriété, à la production, à la consommation des richesses.

La question de la propriété est fondamentale. De la solution qu'on lui donne dépendent toutes les notions, le développement pratique de l'organisation de la société humaine. Une fois cette question bien élucidée, et toute équivoque devenue impossible sur ce point, les autres questions, loin de nous paraître insolubles, se présenteront comme des question secondaires dont la solution ne sera plus que la conséquence de la solution donnée au problème de la propriété.

Le parti radical, au point de vue de la propriété, est aussi conservateur que le parti le plus rebelle à toute amélioration sociale. La propriété individuelle est un dogme consacré du programme radical, et nous avons vu, dans ces dernières années, l'association radicale par excellence, — la Ligue de la paix et de la liberté — se montrer, sur ce terrain, aussi conservatrice que n'importe quel congrès d'économistes bourgeois. C'est à cette occasion qu'eut lieu la rupture définitive entre les socialistes révolutionnaires et les radicaux de la Ligue de la paix et de la liberté.

La propriété n'est pas considérée par les radicaux comme un fait qui se modifie, qui se transforme : c'est à leur yeux une chose immuable, et la forme d'appropriation individuelle est estimée comme absolument légitime, en dehors de toute contestation. En effet, disent les radicaux aussi bien que les conservateurs, si vous enleviez au travail le stimulant de l'appropriation individuelle, vous arrêteriez la production, et l'humanité retomberait dans la plus sauvage barbarie.

C'est l'argument essentiel, contenant en lui toutes les autres objections, qu'on offre à une transformation de la propriété.

Si nous observons les choses, nous remarquons que les faits démentent absolument l'argumentation des partisans de la propriété individuelle. Nous laisserons de côté les diverses transformations qu'a subies la constitution de la propriété durant l'histoire, et nous étudierons ce que nous pouvons voir de nos propres yeux.

Prenons les deux manifestations essentielles de l'activité humaine : l'agriculture et l'industrie.

Si les paysans n'étaient pas propriétaires individuels du sol qu'ils cultivent, nous dit-on, ils n'auraient point d'intérêt à faire fructifier le sol, et l'une des sources essentielles de l'existence humaine serait tarie. D'après cet argument, tous les cultivateurs sont censés être propriétaires du sol qu'ils cultivent. Les statistiques de tous les pays nous apprennent cependant que le paysan-propriétaire devient de plus en plus une exception, et que dans certains pays, la grande propriété est le fait dominant. Dans d'autres, où la petite propriété est encore dominante, l'agriculteur est dans un état d'infériorité frappante, les propriétés des paysans sont grevées d'hypothèques, et peu à peu le grand capital les ruine et s'enrichit de leurs dépouilles.

La science condamne irrévocablement la petite culture et démontre, par une observation rigoureuse et par l'expérimentation, les avantages de la grande culture. Or, la grande culture n'est possible qu'avec la grande appropriation. Voici à ce sujet un passage remarquable d'un rapport présenté par la Section Bruxelloise au Congrès général de l'Internationale tenu à Bruxelles en 1868 :

« Pour que la terre fournisse aux hommes son maximum de produits, il est nécessaire d'appliquer au travail agricole toutes les connaissances acquises sur le reboisement des montagnes, le défrichement des landes, le de ssèchement des terres marécageuses, l'irrigation des terres arides, les assolements, les amendements, les engrais, les prairies tant naturelles qu'artificielles. Or, l'application de ces connaissances n'est possible qu'avec la culture en grand. Ainsi, pour ne parler que des assolements, on sait aujourd'hui que chaque plante ou du moins chaque famille de plantes prend au sol un ou plusieurs sels particuliers; la bourrache et les solanées prennent surtout au sol du salpêtre ou nitrate de potasse, les légumineuses du plâtre ou sulfate de chaux, et ainsi de suite; c'est ce que l'on a appelé la *sélection végétale*. On sait aussi que les excrétions de certains végétaux sont favorables à d'autres végétaux; que, par exemple, les excrétions des légumineuses sont très favorables à la bonne venue des céréales; quel est le cultivateur qui ne sait qu'un champ qui aura porté du trèfle est très propre à donner une belle récolte de froment? C'est sur ces données expérimentales, expliquées du reste par la physiologie botanique, qu'est basée la théorie des assolements; mais cette théorie ne peut être appliquée à la petite culture, parce que le petit cultivateur est forcé de planter dans son champ ce qui lui est le plus immédiatement nécessaire, des céréales et des pommes de terre, puis des pommes de terre et des céréales; il ne peut faire alterner ces cultures avec celles des raves, des turneps et des plantes fourragères, dont il n'a que faire.

» Et ce que nous disons des assolements est vrai aussi pour les engrais. Les troupeaux de bœufs et de moutons, en même temps qu'ils fournissent par leur chair un des aliments essentiels de l'homme, et par leur cuir ou leur laine d'utiles vêtements, restituent encore à la terre leur fumier, qui est une des principales matières premières de l'agriculture. Or, les troupeaux exigent de grandes prairies naturelles et artificielles, c'est-à-dire la grande culture.

» Envisagez ainsi séparément chacun des grands besoins de l'agriculture moderne, et vous verrez de plus en plus que la satisfaction de ces besoins est impossible avec la petite culture, et que celle-ci conduit directement, malgré tout le courage et l'énergie du paysan, à la stérilisation du sol. Que ceux qui douteraient de ces faits, lisent les belles études comparatives de M. Léonce Lavergne sur l'économie rurale de l'Angleterre, où domine la grande propriété et la grande culture, et sur l'économie rurale de la France, où domine la petite propriété et la petite culture.

» Ensuite, la grande culture seule peut donner lieu à de précieuses économies de terrain, de temps et de travail, tandis que la petite culture occasionne une grande déperdition de ressources. Par exemple, le petit cultivateur propriétaire de plusieurs petits lopins de terre, disséminés à travers les champs des voisins, est obligé de perdre une grande partie de son temps à se transporter d'un lopin à l'autre par des chemins excessivement multipliés. Ainsi dans les pays de petite propriété et de petite culture, les passages et servitudes emportent, avec les haies, murailles, clôtures, derrière lesquelles se cantonne le propriétaire méfiant et farouche, une grande partie du sol.

» Ce n'est pas tout. Un des faits dominants de la phase économique que nous traversons, c'est l'application de plus en plus étendue de deux grandes forces économiques à la production, dans tous les travaux où ces forces économiques peuvent augmenter la somme des produits : nous voulons parler de la *force collective* et de la *machine*. Devant cette tendance irrésistible, nous avons déjà vu, dans l'industrie proprement dite, une foule de petits patrons et d'hommes établis disparaître devant la concurrence de grands entrepreneurs ou d'associations de capitalistes, qui seuls peuvent employer les grands engins mécaniques et profiter du surcroît de production que fournit le manœuvrement avec ensemble et avec unité d'une légion de travailleurs salariés, combinant leur efforts. Or, s'il est une industrie où la force collective est d'une application nécessaire, c'est à coup sûr l'agriculture ; certains travaux agricoles, tels que le défrichement, les vendanges, la moisson, la fenaison, sont même les types par excellence de l'application de cette force. Et s'il est aussi une industrie où l'introduction de la machine est nécessaire et se fera invinciblement, c'est encore l'agriculture. Mais l'application sur une vaste échelle de ces deux grandes forces économiques aux travaux agricoles n'est guère possible avec la petite culture parcellaire, tandis qu'avec la grande culture rien n'est plus facile.

» C'est ce qui fait que l'agriculture anglaise est la seule qui, jusqu'à maintenant, se soit servie généralement des nouveaux engins mécaniques. La terre ne demande pas seulement des engrais et des amendements, dit M. Lavergne, elle a encore besoin d'être creusée, ameublie, nivelée, sarclée, assainie, travaillée dans tous les sens, pour que l'eau la traverse sans y séjourner, pour que les gaz atmosphériques la pénètrent, pour que les racines des plantes utiles s'y enfoncent et s'y ramifient aisément. Une foule de machines ont été imaginées pour lui donner ces dernières façons. On a pu se convaincre de l'immense importance de l'industrie des machines aratoires en Angleterre et des débouchés qu'elle y rencontre, par l'étendue qu'elle occupait à l'exposition universelle ; on comptait près de trois cents exposants de cette catégorie, venus de tous les points du Royaume-Uni, et, parmi eux, il en est comme les Garett et les Ransonné, dans le comté de Suffolk, qui emploient des milliers d'ouvriers et font tous les ans pour des millions d'affaires. »

La statistique est non-moins concluante.

« En Angleterre, où le servage avait déjà cessé de fait vers la fin du XIVme siècle, et où dès le XVme siècle la plus grande partie de la population se composait de paysans libres et propriétaires ; où même, d'après Macaulay, à la fin du XVIIme siècle la population agricole formait les quatre cinquièmes de la population totale, — l'œuvre du capital accapareur de la terre, accompagnée des aliénations arbitraires, a marché à si grands pas, que des villages entiers d'agriculteurs ont disparu sans laisser de traces, et que le sol de l'Angleterre appartient aujourd'hui presque tout entier à quelques centaines de familles. En 1770 il y avait encore en Angleterre, en Ecosse et en Irlande 250,000 propriétaires fonciers ; aujourd'hui il y en a 30,000, et sur ce nombre il en revient 9000 à l'Irlande. En Ecosse le quart du territoire du pays est la propriété de *cinq* particuliers ; parmi ces propriétaires Lord Sutherland figure en première ligne avec 1,326,453 acres.

» A l'époque où l'industrie de la laine se montrait plus productive que la culture du blé, 15,000 paysans du comté de Sutherland, qui cultivaient 794,000 acres de terre, en furent chassés de la manière la plus barbare pendant les années 1814 à 1820, pour faire place à un troupeau de 130,000 moutons. Ces pauvres gens, refoulés au bord de la mer, se livrèrent à la pêche pour gagner leur vie ; au bout de quelque temps, la pêche leur ayant donné quelque profit, les propriétaires vinrent de nouveau les chasser plus loin, leur enlever leur pêcherie et s'installer à leur place.

» Les registres d'impôt, présentés à la Chambre des Communes le 20 juillet 1864, établissent que trois mille particuliers se partagent à eux seuls un revenu annuel de 625 millions de francs, ce qui fait une somme plus considérable que le revenu de toute la population agricole de l'Angleterre et du pays de Galles.

» De 1851 à 1861, la concentration de la propriété foncière dans un petit nombre de mains a augmenté en Angleterre du 11 %. Dans un meeting qui a eu lieu à Londres le 13 octobre 1869, et où a été fondée une Ligue des travailleurs de l'agriculture, un orateur a signalé le fait suivant : l'aristocratie terrienne en Angleterre compte cinq mille individus, et ces individus reçoivent chaque année de leur fermiers une somme totale de deux milliards et sept cent cinquante millions de francs, ce qui fait pour chacun d'eux un revenu moyen de 550,000 francs.

» Si la concentration de la propriété foncière dans la main d'un petit nombre, dit à ce sujet un manifeste des travailleurs anglais, suit toujours le même progrès, la question de la propriété territoriale sera singulièrement simplifiée, comme elle l'était dans l'empire romain, quand Néron laissa errer sur ses lèvres un féroce sourire à la nouvelle que la moitié de la province d'Afrique appartenait à six chevaliers. Arrivée à ce degré extrême de concentration, la question de la propriété terrienne ne peut guère souffir de difficultés en Angleterre ; et elle doit irrévocablement s'y résoudre dans le sens de la propriété collective du sol, parce que le peuple anglais, habitué à la grande culture avec tous ses avantages au point de vue agricole, les assolements, les machines, les amendements, les prairies, les engrais animaux, ne peut pas revenir au morcellement agricole avec ses conséquences : la jachère, la culture à la bêche, le manque d'engrais, la suppression des bestiaux et, par suite, de la viande.

» En Belgique, la propriété territoriale tend aussi à se concentrer, bien que dans une progression infiniment moindre qu'en Angleterre, où l'existence du droit d'aînesse favorise énormément cette concentration. Parcourez-y les communes rurales, et presque toujours vous y trouverez un grand propriétaire foncier à qui appartiennent presque toutes les terres du village ; le plus souvent ce grand propriétaire terrier commande en maître au village, car il est presque toujours, non-seulement le principal propriétaire des terres arables, mais propriétaire des maisons, maire et chef d'industrie ; c'est un véritable seigneur féodal. Lorsque par hasard un lopin resté libre se trouve en vente, c'est le seigneur qui en fait

l'acquisition à vil prix, car nul n'oserait lui faire concurrence pour cet achat. »

Voilà ce que nous enseigne la statistique sur les pays
de grande production et de propriété concentrée. Examinons maintenant la situation des pays de petite propriété.

« Nous lisons dans un article du *Courrier Francais* du
28 février 1868, que le nombre des parcelles de terre
en France était alors de plus de 140,000,000 Les cotes
foncières, réunissant les parcelles que chaque contri-
buable possède dans une même commune, étaient en
1858 de 13,118,723 et elles se sont élevées en 1866 à
14,123,117.

» Et en même temps que le morcellement continue
et que le sol s'émiette, l'hypothèque vient grever de
plus en plus le lopin du paysan, de sorte que le paysan
n'est souvent que le propriétaire, purement nominal du
coin de terre qu'il cultive péniblement à la bêche, et
dont ses efforts ne parviennent qu'à grand'peine à arra-
cher de quoi payer l'intérêt du capital emprunté pour
l'achat de la terre. Aujourd'hui encore, comme du temps
où Michelet écrivait le *Peuple*, on peut dire que lorsque
son champ lui rapporte 2, l'usure demande 8, c'est-à-
dire que l'usure combat contre lui comme quatre hommes contre un et que chaque année d'intérêt enlève
quatre années de travail. Quant à l'hypothèque on sait
que près de 12 milliards sont hypothéqués sur le sol
français, qui en vaut 48.

» En considérant cet appauvrissement de la terre, cet en-
vahissement de l'hypothèque, cette insatiabilité de l'usure,
on peut dire que le sol échappe au paysan, que la terre
lui glisse des mains et que la propriété fuit devant lui
comme une ombre. Et voici qu'en même temps un phé-
nomène nouveau se manifeste : c'est l'association des
capitaux appliquée à l'achat du sol, l'anonymat agricole ;
c'est la constitution d'une nouvelle féodalité terrienne
analogue à la féodalité industrielle. Naguère, M. Hu-

bert-Delisle faisait, en pleine séance du sénat français, cette déclaration enthousiaste, dont il ignorait probablement la véritable portée : « Le moment vient où le capital français ne se dépensera plus que pour la France ; l'argent revient au sol. Ainsi dans la Gironde on a acheté tout récemment pour 12 millions de propriétés, et presque tous les acquéreurs sont de *grands noms financiers*. Il y a autant de millions que de propriétaires. »

» Et les faits de ce genre se multiplient. Encore quelques années, et les chefs féodaux de la finance seront redevenus les chefs féodaux du territoire français. Contre la concurrence que va lui faire l'industrie agricole en grand, le petit cultivateur-propriétaire ne peut lutter ; il faut qu'il disparaisse, comme déjà a disparu de l'industrie extractive le petit propriétaire de gisements houillers et de carrières, et comme disparaît chaque jour de l'industrie manufacturière le petit patron on le travailleur indépendant. Pourtant, il lui reste peut-être à lui aussi, comme aux travailleur urbains, une dernière planche de salut : c'est l'association. Déjà nous voyons quelques premières lueurs d'association apparaître au sein des populations rurales de la France : ce sont quelques sociétés pour l'achat en commun d'engrais ou d'un outillage perfectionné. Si une nouvelle organisation du crédit pouvait favoriser ce mouvement, tout nous porte à croire que, malgré l'esprit routinier du paysan, l'association s'étendrait bientôt à des objets de plus en plus importants : c'est que nécessité fait loi ! Mais l'association agricole, si elle veut réaliser tous les avantages de la grande propriété et lutter contre elle, doit absolument appliquer à la culture nos connaissances sur les assolements, les irrigations, l'élevage du bétail, les prairies artificielles, les abris, les constructions rurales, etc. Or, pour cela il faut que les parcelles de terre soient réunies en un domaine plus ou moins vaste, c'est-à-dire que la petite propriété morcelée fasse place à la propriété collective.

» Alors disparaît, il est vrai, ce désir de possession exclusive et de libre et absolue disposition que l'on dit être si profondément inné au cœur du paysan français et que Michelet a cherché à poétiser en l'appelant « le mariage mystique de l'homme et de la terre; » mais devant la loi impérieuse de la nécessité, le paysan français finira par oublier cette utopie; il se trouvera heureux, somme toute, d'avoir troqué son vain titre de propriétaire exclusif et son droit de jouissance égoïste et solitaire, contre l'avantage d'être le co-propriétaire d'un sol dont les produits auront vingtuplé avec un travail vingt fois moins pénible.

» Il nous est donc permis de poser ce dilemme :

» Ou bien le paysan français triomphera de la nouvelle féodalité terrienne qui se constitue, et alors il faut qu'il accepte l'association agricole et par suite la propriété collective ;

» Ou bien il ne triomphera pas de cette féodalité, il retombera dans le salariat agricole, et alors la concentration de la propriété foncière en quelques mains peu nombreuses, amènera tôt ou tard, en France, comme en Angleterre, comme en Allemagne, une révolution sociale d'où sortiront l'association agricole et la propriété collective. »

Je terminerai cet exposé statistique par quelques faits se rattachant à la situation en Suisse.

« Dans la partie allemande du canton de Berne, qui compte environ 350,000 habitants, et dont la population, il n'y a que 20 ans, avait une si grande réputation d'aisance et de prospérité, les documents officiels établissent qu'il y a eu en 4 ans 8390 ventes aux enchères, savoir : en 1864 — 1230, en 1865 — 1830, en 1866 — 2139, en 1867 — 3141. — En 1857 il y avait eu 735 faillites; en 1867, on en a compté 1341, presque le double ! Dans les onze années de 1857 à 67 le nombre total des faillites a été de 7789 ; l'année 1868 a ajouté à cette somme un nouveau contingent de 3991 faillites ; et pendant l'an de grâce 1869, jusqu'au 13 novembre, les faillites ont déjà atteint le chiffre de 4935 ! Cela montre que dans ce petit endroit béni, la classe moyenne se voit chaque année expropriée et dépouillée par le capital, d'après une progression qui croît, non pas en raison arithmétique, mais en raison géométrique. Ainsi ce canton dernièrement encore réputé si riche et si prospère, comptait en 1868 le nombre effrayant de 36000 faillis, de 36000 citoyens appartenant à la classe rurale, déshonorés par la loi et frappés de mort civile, pour la plupart pères de famille. Qui pourrait compter en outre le nombre de ceux qui, pendant ce même laps de temps, ayant réussi à éviter le scandale de la faillite et des enchères publiques, ont abandonné sans tambour ni trompette l'ancien héritage de la famille pour aller vivre comme mercenaires dans des logements étrangers ? — Et tout cela se passait pendant que les gros bonnets du pays créaient banque sur banque, soi-disant pour venir en aide aux agriculteurs et aux petits industriels, en réalité pour s'enrichir de leurs dépouilles.

» La Suisse, qui possède dans plusieurs cantons, sur 100 familles 88 propriétaires, avait en 1873 une dette hypothécaire de 2,300 millions de francs, dont les intérêts se montaient à 106 millions. »

Dans l'industrie proprement dite, nous constatons trois phases essentielles dans le développement de la production, qui correspondent à trois formes d'appropriation du capital en général qui sert d'agent de production : la petite, la moyenne, la grande industrie. Dans la première, presque toujours le producteur travaille chez lui, utilisant un matériel de peu de valeur et lui appartenant ; il emploie quelquefois deux ou trois ouvriers, mais les bénéfices qu'il réalise ainsi sont peu de chose en comparaison des exigences de la lutte qu'il doit soutenir pour se maintenir. Tant que l'industrie est dans cette première période, l'antagonisme des classes n'apparaît pas encore, car le petit patron est lui-même un travailleur comme les ouvriers qu'il peut utiliser, il vit de leur vie, il partage leurs souffrances, et son existence est réellement celle d'un prolétaire. Nous ne savons si un certain nombre de métiers, qui sont encore dans cette première phase de développement, sont condamnés à rester stationnaires ou à disparaître, ou bien si le développement économique les entraînera dans la moyenne et grande industrie.

La moyenne industrie présente déjà d'autres caractères plus tranchés. C'est encore l'atelier, le petit chantier, la petite manufacture, mais on voit déjà d'un côté le patron propriétaire exclusif des instruments de travail, et de l'autre un nombre plus ou moins grand d'ouvriers salariés. Les forces économiques, qui sont le levier par lequel se constitue le grand capital, — la division du travail, la machine, la puissance collective, — fonctionnent dans des proportions plus ou moins grandes, et suivant les capitaux disponibles, l'intelligence, l'activité, le discernement et l'habileté dans les spéculations du patron, de l'entrepreneur, du directeur, l'entreprise se fraiera la route qui conduit à la grande industrie, ou périclitera.

La grande industrie présente tous les caractères d'une féodalité. Dans une usine, dans une manufacture travaillent infatigablement des centaines, des milliers d'ouvriers, faisant mouvoir un gigantesque outillage, confectionnant d'innombrables produits. Cette usine, cette manufacture, avec l'outillage que chacune d'elles contient, sont la propriété exclusive d'un seul individu ou de quelques actionnaires. Cette armée de prolétaires, qui par son travail arrache au sous-sol la matière première, qui transforme cette matière en puissantes machines, puis qui fait mouvoir ces machines et inonde le monde de richesses, elle doit croupir dans le dénuement et la misère, en vendant son travail à ceux qui ont accaparé le capital produit par l'effort des masses populaires façonnant la matière. Et tous les petits métiers, toutes les industries qui sont susceptibles d'être transformées par l'application des découvertes scientifiques, par l'introduction des machines et la division du travail, sont irrévocablement condamnées; le grand capital s'en emparera et en fera la proie des grands spéculateurs. Si nous parcourons les pays civilisés, dans les cités, dans les vallons, partout nos yeux sont frappés du spectacle d'une infatigable activité; le retentissement des usines, le bruit des machines mues par la vapeur, le bourdonnement qui s'échappe des manufactures, les richesses variés étalées dans les magasins, tout annonce le bien-être. Le soir un peuple immense se traine fatigué dans les rues, s'engouffre dans de sombres quartiers, va prendre à la hâte un modeste repas et se reposer, pour recommencer le lendemain, tandis que quelques somptueux équipages entraînent rapidement à de splendides jouissances les familles bourgeoises propriétaires de tout, même de la vie du travailleur.

C'est cet état de choses que l'on décore du nom de « propriété légitimée par le travail ! »

Dans l'agriculture comme dans l'industrie, nous constatons que le travail individuel cède la place au travail collectif; que ce sont les forces économiques, la machine, la division du travail, qui deviennent les principaux agents de la production. La statistique nous apprend que la grande propriété est déjà un fait dominant dans certains pays, que d'autres pays sont dans une voie rapide pour arriver à la même situation, et que la production, dans les pays de petite propriété, est inférieure, et par conséquent la ruine inévitable. Ces faits importants, qui sont la clef de l'avenir de notre civilisation, laissent le parti radical parfaitement indifférent, et les socialistes qui sonnent la cloche d'alarme, qui indiquent le remède, sont considérés comme des cerveaux brûlés.

Un parti qui a la prétention d'être le représentant le plus sérieux du progrès, et qui obstinément se refuse à examiner le problème le plus grave des temps modernes, lorsque la science l'appelle à cet examen, ce parti, s'intitulât-il *parti radical,* et eût-il pour lui l'approbation momentanée de la masse des citoyens, n'est pas le représentant des vrais intérêts populaires.

* *

Après avoir examiné la question de la propriété, nous aborderons les problèmes de production, de consommation, d'échange et de circulation.

Les économistes bourgeois qui se sont occupés de rechercher les lois qui président à la production et à la distribution des richesses, ont cru tout expliquer en invoquant la loi de l'offre et de la demande, en lançant leur fameux «laissez-faire, laissez-passer.» La liberté est un des dogmes vénérés de la Révolution bourgeoise. Mais en proclamant la liberté, la bourgeoisie a oublié une chose essentielle, c'est de donner à tous les moyens de la pratiquer : c'est là le fond du débat qui partage le monde bourgeois et le monde socialiste. Les radicaux, tout comme les économistes bourgeois, nous disent : Chacun n'est-il pas libre de parvenir à la plus brillante position ? Avec du travail, chacun peut devenir patron, propriétaire de manufacture, commander aux autres après avoir obéi ; c'est le seul moyen d'établir, dans les limites du possible, l'équilibre social.

Quelqu'un a dit que la parole a été donnée à l'homme pour déguiser sa pensée ; le meilleur moyen de savoir jusqu'à quel point la parole exprime la vérité, c'est d'examiner les faits.

De par la Révolution de 89 et les conséquences qu'elle a eues en Europe, je suis un homme libre, mais je suis en même temps un ouvrier rubanier. Je vais offrir mon travail à la porte d'une fabrique de rubans. Deux bras de plus ou de moins importent peu au manufacturier ; pour moi, au contraire, la question est vitale, car si je n'ai pas de travail, ma famille devra subir des privations, la misère. On accepte mes bras à la condition d'une réduction de salaire ; j'ai vainement frappé à la porte de plusieurs établissements ; la crainte du lendemain, la nécessité du moment me font vendre mon travail à meilleur marché. Voilà pour l'ouvrier toute la pratique de la liberté. D'un côté, un riche manufacturier, propriétaire de tous les instruments de travail dont ont besoin une quantité considérable d'ouvriers pour faire fructifier leur labeur, et, en fait, dépositaire des destinées de ses ouvriers ; de l'autre, la masse des producteurs, représentant l'élément essentiel de la production, — le travail — mais dénués de tout capital, n'ayant aucune part dans la possession de l'instrument du travail, et contraints de vendre leur travail au prix qu'on veut bien leur donner. En présence de cette situation, on se demande comment l'économie bourgeoise et tous ceux qui vivent de l'application de ses théories, peuvent invoquer la fameuse liberté d'arriver aux conditions sociales les plus élevées ? Tant que l'une des branches de l'industrie est dans la première phase de son développement, on conçoit que l'ouvrier, par un travail assidu et par des privations, puisse devenir petit patron ; on peut admettre encore qu'un petit patron puisse développer son entreprise jusqu'aux conditions de la moyenne industrie, et une fois là, si les spéculations lui sont favorables, transformer son atelier en manufacture. Les exemples de ce genre sont assez nombreux dans l'histoire de la bourgeoisie, et on conclut généralement que l'ouvrier qui le voudrait sérieusement pourrait s'affranchir et parvenir.

Nous devons reconnaître que, tant qu'il s'agit des petits métiers, la chose est possible. Mais sitôt qu'il s'agit de la moyenne industrie, cela devient très difficile, et il faut que des circonstances extraordinaires favorisent l'ouvrier qui veut se faire une position. En présence de la grande industrie, la chose devient impossible. Or, pour toutes les industries constituées sur l'échelle de la moyenne et grande production, il ne peut plus être question de passer par la filière des petits métiers ; il faut tout de suite se placer sur le pied des grands chefs d'ateliers et des manufacturiers. Comment l'ouvrier qui n'a d'autres ressources que son travail personnel parviendrait-il à cette entreprise? Nous admettrons encore que cela soit possible pour quelques-uns. Mais pour un qui sera parvenu, quelle masse innombrable reste en route et sert de marche-pied à l'activité et à l'ambition de celui qui parvient? Et dans le système économique actuel, il n'en peut pas être autrement. Dans les petits métiers, si tous étaient patrons, la concurrence extrême qui en résulterait rendrait la position de cette foule de petits patrons plus misérable que celle des ouvriers ; dans la moyenne et grande industrie, si tous étaient patrons, la moyenne et grande industrie n'existeraient plus. Telles sont les splendides contradictions où aboutissent les théories bourgeoises sur la pratique de la liberté.

Mais enfin, nous dit-on, s'il n'y avait pas dans les entreprises industrielles cette direction unique d'un patron, toute la production serait paralysée, et notre civilisation n'aurait pas à son avoir les richesses que nous admirons. Nous ne faisons aucune difficulté pour reconnaître qu'une intelligente direction dans les entreprises est un facteur important, et nous examinerons dans un instant s'il n'est pas possible de constituer plus avantageusement l'administration des entreprises industrielles, agricoles, commerciales, qu'elle ne l'est aujourd'hui. Mais il faut que le monde bourgeois soit arrivé à un degré d'impudeur bien développé, pour prôner avec tant de suffisance son ordre économique, quand de toutes parts les débâcles succèdent aux débâcles, lorsque les crises sont en permanence, que la misère grandit et se généralise dans le peuple, tandis que la richesse publique passe adroitement dans les mains d'habiles spéculateurs. Comment les grandes faillites ne seraient-elles pas à l'ordre du jour, quand la grande exploitation, les spéculations fabuleuses sont une nécessité économique pour les entrepreneurs et les directeurs? Il faut parvenir au haut de l'échelle ou tomber à moitié chemin. Nous disons que c'est une nécessité économique, et nous allons le prouver : existe-t-il, en ce moment-ci, un moyen de baser la production sur les nécessités de la consommation? La loi de l'offre et de la demande, nous dira-t-on. Dans les conditions actuelles, lorsque le produit est fabriqué, s'il n'est pas demandé, il ne s'écoulera pas ou se vendra à perte; en cela la loi de l'offre et de la demande exprime la réalité, mais elle ne prévoit rien; elle ne dit pas, elle nie même, qu'il soit possible de prévoir et par quels moyens on peut prévoir. Cependant, par l'établissement général et régulier de la statistique du travail, il serait possible de constituer d'une manière positive les bases de la production sur les nécessités de la consommation. Les spéculateurs ont précisément intérêt à opérer sur l'imprévu, à surfaire la production, pour surcharger les marchés et déprécier les produits, et faire ainsi ce qu'on appelle une magnifique affaire. Si l'entreprise coule quelques concurrents, elle devient splendide; qu'une foule de fabricants soient entraînés dans la faillite, qu'une industrie toute entière soit en souffrance pendant des années entières, n'importe, l'orgie des grandes spéculations va son train, cherchant et trouvant de nouvelles victimes. C'est le peuple travailleur qui, en définitive, supporte les conséquences de cette application de la liberté telle qu'elle est comprise par la bourgeoisie. Et il en sera ainsi tant que le peuple laissera passer entre les mains des accapareurs la richesse qu'il produit, tant qu'il laissera la direction de la production aux mains des classes *dirigeantes*.

La distribution des richesses, par l'intermédiaire du commerce, présente les mêmes caractères d'accaparement, de spéculation que nous offre la production. Une hiérarchie innombrable d'intermédiaires qui s'interposent entre le producteur et le consommateur, renchérissent les produits et se livrent à des spéculations lucratives, tout comme le font les chefs de l'industrie. C'est une féodalité mercantile qui se partage, avec les féodalités industrielle et financière, le gâteau préparé par le travail du peuple.

Pour compléter ce système économique, les principaux moyens de circulation sont la propriété de grandes compagnies capitalistes, et le public paie cher les services que lui rend ainsi le capital. Le capital, par contre, ne paie rien ou presque rien pour la concession de toute la richesse naturelle qui lui a été faite pour l'établissement de son exploitation.

Enfin, une organisation puissante du crédit aide au fonctionnement de tous les rouages de cette machine économique, au moyen de laquelle la bourgeoisie attire à elle la plus grande somme de la richesse créée par le travail des masses populaires.

Les radicaux, qui sont en adoration devant le citoyen, ont compris pourtant qu'il y avait contradiction à traiter l'ouvrier comme citoyen, en tant que membre du corps politique, et à l'exploiter en tant que machine économique. On a trouvé un système de juste-milieu qui sauve les apparences. Les sociétés coopératives de production, de consommation, de crédit, l'exploitation par l'Etat des voies de circulation, seraient, au dire des radicaux, la panacée universelle. Nous ferons remarquer à Messieurs les radicaux que, lors de la naissance des sociétés coopératives, qui furent l'une des étapes du mouvement socialiste, ils en furent tout d'abord les ennemis, et n'en devinrent les amis que lorsqu'ils s'aperçurent qu'elles ne pouvaient pas constituer un grand danger pour l'ordre actuel.

On peut concevoir les coopérations de production dans la petite et moyenne industrie, et encore entourées de difficultés telles que l'insuccès est certain. Les expériences faites sont concluantes. Le milieu actuel, dont l'atmosphère est imprégnée de notions bourgeoises qui pénètrent l'existence de chacun, n'est pas propre à développer les principes de solidarité nécessaires à la bonne marche d'une coopération, et les difficultés économiques sont considérables en présence des moyens de lutte à la disposition des entrepreneurs bourgeois. Quant à la coopération dans la grande industrie, les uns en ont fait leur deuil, parce qu'ils l'ont reconnue impraticable ; les autres ont imaginé le crédit de l'Etat pour l'installer. Ce dernier moyen est sérieux ; nous ferons seulement remarquer qu'il conduit inévitablement au communisme d'Etat ; les radicaux ont trop horreur du communisme au profit de la masse, et sont trop amoureux du communisme au profit d'une minorité, pour vouloir sérieusement user de ce moyen.

Ceux qui ont fait leur deuil de la coopération dans la grande industrie, échapperont difficilement à ce dilemme : ou bien la coopération est pour eux un moyen sérieux d'opérer l'émancipation du prolétariat, et alors ils doivent en vouloir l'application pour la grande masse des prolétaires, pour ceux qui travaillent dans la grande industrie ; ou bien ils ne veulent pas l'émancipation de cette grande masse, et alors la coopération est pour eux une blague.

Les sociétés coopératives de consommation, les sociétés de crédit, ont eu plus de succès, mais c'est grâce à l'introduction dans leur organisation de l'un des principes chers à la bourgeoisie, — le prélèvement de bénéfices en faveur du capital. Nous ne connaissons, dans notre contrée, qu'un exemple de coopération de consommation fondée sur le principe nouveau de l'élimination des bénéfices en faveur du capital, — c'est le magasin institué à St-Imier par la fédération ouvrière du district de Courtelary. Je suis heureux de constater la bonne marche de cette entreprise, et je me permets d'émettre le vœu de voir les ouvriers du district acquérir suffisamment d'énergie et d'initiative pour donner à cette institution toute l'extension possible.

La remise entre les mains de l'Etat des voies de circulation, ne changera en rien les conditions économiques du peuple. Pour l'Etat, l'exploitation des chemins de fer et autres voies de communication sera un moyen de prélèvement d'impôt, et le travail en supportera les frais comme auparavant.

Les réformes économiques projetées par les radicaux, ne sont donc pas un moyen d'émanciper le travail, et cette tactique nouvelle des radicaux doit démontrer aux ouvriers qu'ils doivent apprendre à distinguer la réalité des apparences.

Il nous reste, pour terminer ce chapitre traitant des questions économiques, à exposer le programme du parti socialiste :

Nous voulons la propriété collective, comme résultat de l'évolution économique qui a transformé toutes les conditions sociales dans les temps modernes.

Comme moyen pratique de transformation de la propriété individuelle collective, nous pensons que le moyen le plus direct, le plus simple, est l'expropriation des détenteurs actuels, par les masses insurgées.

Comme moyen de constitution organique de la propriété collective, nous proposons que chaque corps de métier prenne possession du capital-instrument qu'il a à utiliser ; que les capitaux industriels soient la propriété de la Commune, ou si leur importance l'exigeait, de la fédération des communes, et que ces capitaux soient concédés, moyennant certaines garanties, aux groupes producteurs ; que le sous-sol, le sol, les forêts, rivières, voies de communications soient la propriété des fédérations de communes, et soient également concédés, sous les garanties suffisantes, aux associations de producteurs respectives ; que la fédération internationale organise l'exploitation des grandes voies de circulation ayant un caractère d'internationalité.

Comme organisation de la production et de l'échange, nous proposons la constitution dans chaque localité, de groupes producteurs constitués librement, suivant les branches de productions existant dans la localité ; la fédération locale de ces groupes producteurs constituant la Commune, déterminant les rapports entre les groupes, les obligations générales à l'égard de la Commune, et installant un comptoir d'échange pour l'achat et la vente des subsistances. Les différents groupes locaux d'un métier constitueraient des fédérations régionales d'un même métier, comme les Communes constitueraient la fédération des communes ; cette organisation embrasserait ainsi la totalité des intérêts existants.

Comme moyen de préparation à cette transformation, nous proposons la création des corps de métiers et leur fédération, tant locale que régionale ; l'organisation de l'assurance mutuelle pour les accidents qui peuvent frapper l'ouvrier, et surtout de la résistance, pour la défense des intérêts ouvriers ; l'initiative d'entreprises industrielles et commerciales qui seraient la propriété des organisations ouvrières et constitueraient une école de pratique administrative ; l'organisation de l'étude de toutes les branches utiles des connaissances humaines, et surtout des questions sociales ; une propagande active, par la presse et la parole, des principes socialistes.

Cette organisation préparatoire contient tous les éléments constitutifs de la nouvelle organisation sociale et n'aurait, si elle était généralisée, qu'à s'imposer pour opérer la révolution sociale.

Nous venons de voir que, sur la question du pain, le parti radical représente absolument les intérêts bourgeois, ne veut pas de l'émancipation du travail. Pour l'ouvrier, c'est la pierre de touche au moyen de laquelle il peut reconnaître amis et ennemis. Le socialisme reprend l'œuvre de la Révolution de 1789, et à la conquête de la liberté vient ajouter la conquête des moyens à donner à tous pour la pratiquer. Pour que le travailleur soit libre, il faut qu'il possède l'instrument de travail. La situation économique actuelle ne permet cette appropriation que collectivement. Travailleur, prépare-toi à la révolution sociale, et si tes ennemis et leurs ignorants complices t'accusent de vouloir le vol et le partage, expose leur simplement la situation actuelle : Tu es pauvre, et les grands voleurs sont considérés.

La question politique, tout aussi bien que les questions économiques, est envisagée d'une manière complétement opposée par les radicaux et par les socialistes.

Les radicaux prétendent que sans une organisation puissante des Etats, l'ordre public serait constamment menacé et qu'aucune sécurité n'existerait ni pour les individus, ni pour la société humaine.

Si nous examinons d'une manière approfondie le rôle de l'Etat, si nous étudions les institutions au moyen desquelles il manifeste son action, nous constatons que dans la réalité des choses, il n'est pas le gardien de l'ordre public, la sauvegarde de la sécurité de chacun et de tous, mais la synthèse organique de tous les priviléges économiques de la bourgeoisie et le vigilant gardien des intérêts de cette classe. Les expressions d'*ordre public*, de *sécurité* ne signifient pas autre chose que « consécration publique des intérêts des classes dominantes » ; l'ordre public est troublé lorsqu'une atteinte quelconque est portée aux intérêts dominants ; la sécurité publique n'existe plus lorsque le privilége est menacé.

Nous analyserons le principe fondamental de l'Etat, sa constitution organique, et enfin les institutions qui lui sont inhérentes.

Il pourrait être très intéressant de rechercher, au point de vue de la civilisation des sociétés humaines, comment se constituèrent primitivement les Etats, et l'action qu'ils exercèrent durant l'histoire. — Notre travail est surtout une critique de l'action actuelle, et nous prendrons les choses telles qu'elles nous apparaissent dans toute leur réalité vivante.

Dès qu'il s'agit d'établir un parallèle entre les tendances radicales et celles du socialisme, nous ne pouvons nous arrêter à l'examen de l'Etat absolutiste ; nous étudierons l'Etat démocratique à l'édification duquel travaillent, dans les différents pays, toutes les nuances du parti radical.

Le principe fondamental de cet Etat démocratique, c'est la souveraineté du peuple. Le peuple est souverain ! Il ne s'agit pas seulement d'affirmer ce principe démocratique, il faut que cela soit une réalité. Or, précisément par l'organisation de l'Etat, au moyen duquel aurait dû être assurée la pratique de cette souveraineté populaire, elle a été enterrée. La souveraineté du peuple peut-elle se manifester directement, ou bien sa manifestation n'est-elle possible que par des intermédiaires ? Le radicalisme ne va pas au-delà de cette dernière conception, tandis que le socialisme affirme nettement la possibilité de l'exercice direct de la souveraineté.

Dans l'examen de cette question, nous nous heurtons tout d'abord au fait des Etats territoriaux, au parquement arbitraire des peuples dans des frontières arrêtées par la volonté des tyrans qui ont dominé le monde durant l'histoire. Tous les citoyens originaires de tel territoire constituent l'ensemble du peuple, et c'est la souveraineté de ce peuple qu'il s'agit de faire valoir. Nous ferons remarquer que tous les Etats modernes, territorialement parlant, sont loin d'être constitués scientifiquement au point de vue du groupement national, soit géographique, soit humain, si l'on examine la chose au point de vue des langues et des intérêts existants ou de la configuration du territoire. Le peuple habitant tel territoire est considéré comme corps social de l'Etat, et c'est sa volonté qui est censée dominer dans l'organisation et l'administration de l'Etat. De là l'expression populaire : L'Etat, c'est nous ! C'est précisément par cette conception de l'ensemble du peuple devant manifester collectivement sa souveraineté dans l'Etat, que les radicaux ont préparé la fosse où ils ont enterré la souveraineté populaire.

Pour que la souveraineté du peuple soit une réalité, il faut que les divers intérêts qui constituent la vie populaire puissent se faire valoir, et cette manifestation directe des intérêts n'est possible que par la spécialisation scientifique et le libre jeu de tous les intérêts existants, et non pas par leur confusion générale dans un Etat.

Le moyen imaginé pour manifester la souveraineté du peuple dans l'Etat, fut le suffrage universel. Tous les citoyens d'un pays furent ainsi appelés à voter sur les destinées de l'Etat. C'était bien là la confusion générale de tous les intérêts dans l'Etat et la constitution du peuple en majorité et en minorité électorales. Par ce fait, la souveraineté du peuple n'est plus la souveraineté de l'ensemble des citoyens, mais seulement de ceux composant la majorité. La première manifestation pratique de la conception radicale du principe de souveraineté populaire est déjà un enterrement. C'est l'abdication du peuple au bénéfice de la majorité électorale. Les abdications vont se succéder et l'enterrement sera complet. Mais comment voulez-vous que la volonté directe de ceux qui constituent la majorité électorale, se fasse valoir ? Cette majorité n'est constituée en majorité que parce que toutes les volontés individuelles, partielles, se sont confondues dans la volonté collective de la majorité. Et remarquez que cette volonté collective de la majorité, est une chose abstraite, à laquelle il faut donner un corps pour qu'elle puisse s'imposer dans l'Etat. Ce corps c'est le parlementarisme. C'est la constitution des parlements, des constituantes, des assemblées législatives. La majorité délègue ainsi sa souveraineté à des représentants qui iront, dans les parlements, défendre ses intérêts et confectionner des lois pour leur sauvegarde. Enfin l'assemblée nationale ainsi constituée délègue au gouvernement le pouvoir de l'exécution des lois et des décrets de l'assemblée.

Les radicaux ont compris qu'il y avait contradiction entre le principe et cette abdication par degrés de tous les attributs de la souveraineté populaire : ils ont imaginé un correctif, le *referendum*.

A certains intervalles réguliers, ou lorsque le peuple, par voie de pétition, en fait lui-même la demande, on soumet au scrutin, pour le rejet ou l'acceptation, les lois et décrets votés par l'assemblée nationale. Ce vote populaire n'est pas plus une manifestation vraie de la souveraineté du peuple, que le vote pour la constitution de l'assemblée législative : les mêmes phénomènes de division en majorité et en minorité écartent toute manifestation des intérêts divergents ; c'est une noyade générale dans une majorité ou une minorité.

Et cette constitution de la majorité et de la minorité, dans les conditions économiques actuelles, est loin de se faire avec toute la liberté d'action qu'affirme le parti radical. Les classes possédantes ont, d'une manière générale, entre leurs mains, tous les moyens de façonner l'opinion publique conformément à leurs intérêts : la presse toute entière, à l'exception de quelques rares organes socialistes, est au service de la bourgeoisie ; elle a ses orateurs qui, au moyen d'une habile phraséologie démocratique, exercent à la tribune un puissant ascendant sur le peuple ; le clergé de tous les cultes est dévoué à l'ordre actuel; enfin il y a les intimidations de toute espèce : pression du patron sur ses ouvriers, du propriétaire sur ses fermiers et journaliers ; des entrepreneurs, des fabricants, des commerçants sur leurs employés, des créanciers sur leurs débiteurs, des administrations sur les administrés; dans maints endroits, et le fait a eu lieu dans le canton de Berne, on ne recule pas devant l'intimidation militaire. Aussi la plupart des agitations électorales présentent-elles un caractère absolument vil, où les ambitions personnelles et de coteries sont habilement voilées par les déclamations du plus pur patriotisme.

Nous avons vu que l'exercice de la souveraineté du peuple, dans l'état actuel, aboutissait à la nomination d'une assemblée nationale chargée d'élaborer une constitution de l'Etat et les lois qui en découlent, et à la composition d'un gouvernement chargé de veiller à l'application de la constitution et à l'exécution des lois.

Si on se place au point de vue purement humain, dégagé de toutes préoccupations d'orgueil et de vanité nationale, on est dominé par un pénible sentiment en constatant, d'un côté combien les constitutions les plus démocratiques et l'assemblage de lois qui les accompagnent, sont le tombeau de toutes les libertés populaires, et de l'autre l'enthousiasme avec lequel la majorité du peuple accepte encore ces mêmes constitutions et lois comme le gage le plus sérieux de sa liberté, de son indépendance, de son bien-être.

Et cependant la vérité est facile à découvrir : il suffit de lire attentivement la constitution démocratique la plus prônée en ce moment, celle de la Confédération suisse. A côté de quelques déclarations de principes, de quelques affirmations sur les droits du peuple, la pensée dominante qui se dégage de cette œuvre, c'est la préoccupation de la centralisation, de la constitution d'un pouvoir fort, de restrictions à apporter à la pratique des principes démocratiques affirmés ; c'est la copie des tendances des grands Etats monarchiques, avec l'étiquette républicaine.

Et il n'en pouvait pas être autrement, et il n'en sera pas autrement tant que le peuple suivra la routine politique. Par la situation économique, en Suisse comme partout, la bourgeoisie est dominante. Sa domination économique implique sa domination politique. En fait, qui siège dans nos grands conseils, à l'assemblée fédérale, qui compose nos autorités cantonales et fédérales ? Ce sont les hauts barons de la finance, les grands et moyens entrepreneurs et propriétaires, les avocats ; c'est la bourgeoisie. Et vous voudriez que cette classe, possédant le pouvoir, n'en fît pas usage pour sanctionner ses privilèges et donner satisfaction à ses intérêts ?

Toute l'organisation politique de l'Etat, depuis la commune, le district, le canton jusqu'au gouvernement fédéral, tout est constitué en vue de la subordination à l'Etat, c'est-à-dire, en apparence, à la majorité de la nation, mais en réalité à la minorité bourgeoise que la majorité a portée au pouvoir.

L'organisation judiciaire est censée assurer l'exercice régulier des droits de chacun dans l'ordre public; le fondement des lois, leur préoccupation essentielle, la procédure, la constitution des organes chargés de prononcer dans les conflits, tout est fait par et pour la bourgeoisie.

L'organisation militaire n'a pas seulement pour but la défense du pays contre l'étranger, mais aussi la répression des mouvements insurrectionnels qui pourraient surgir. Les événements de Gœschenen, de Bâle-Campagne, n'ont que trop prouvé qu'en Suisse, comme partout, l'armée saurait être employée pour faire taire les revendications du travail.

Et les questions économiques qui se rattachent à la vie de l'Etat, dans quel sens sont-elles tranchées, sinon dans l'intérêt des législateurs appartenant à la bourgeoisie et la représentant? S'agit-il de concessions à accorder pour la construction d'une ligne de chemin de fer qui sera la propriété d'une compagnie de capitalistes, c'est à pleines mains qu'on puise dans les coffres de l'Etat, tandis qu'on lésine misérablement chaque fois qu'il s'agit des intérêts directs des ouvriers ou des paysans.

Il serait utile qu'un spécialiste voulût bien entreprendre un travail d'analyse des constitutions, des codes, des lois, des moyens de procédure et de juridiction qui régissent les peuples. Quel amas d'absurdités, quel tissu de contradictions, quelle négation du principe même qui a donné naissance à tout ce fatras judiciaire! Vous voulez assurer l'ordre public, et vous élaborez une telle quantité de codes, de lois, qu'il faut l'existence d'un homme pour s'y reconnaître; vous entassez dans ces codes et ces lois de telles contradictions qu'elles deviennent précisément une cause de disputes. Pardon ! la religion a ses prêtres ; la jurisprudence ne peut rester en arrière. L'avocat est là qui prend fait et cause pour vous et qui se charge de faire valoir les articles du code et des lois qui peuvent vous être favorables. Un autre avocat invoquera contre vous d'autres articles, et un tribunal composé de citoyens aussi peu au courant des lois et des codes que les comparants, est chargé de prononcer.

— Toute cette organisation judiciaire, quel est son but ? C'est d'assurer l'ordre économique régnant et l'inféodation absolue de la personnalité humaine à l'Etat. Ce qui concerne la partie purement criminelle de la juridiction n'en est qu'une faible partie, en comparaison de l'importance de la partie civile et des garanties de la propriété.

Les radicaux ont commencé à se préoccuper des difficultés qui naissent de ce labyrinthe de codes et de lois et demandent généralement la simplification des lois, des moyens de procédure. Tant que la situation économique et politique existante sera telle, il y aura nécessité d'une organisation judiciaire compliquée ; le seul résultat qui pourra être atteint, c'est l'unification, parce que les faits économiques qui donnent lieu à la juridiction deviennent partout identiques.

Le militarisme est non moins une plaie inhérente à l'ordre actuel. Les Etats, par leur constitution territoriale, sont antagonistes les uns aux autres ; de là, nécessité d'une force militaire, au moyen de laquelle les Etats peuvent se défendre des attaques de leurs voisins et entrer dans la voie des conquêtes. Cette nécessité d'organisation militaire résulte également de la situation intérieure des Etats.

Pour que la machine gouvernementale, administrative, juridique de l'Etat fonctionne régulièrement, il faut qu'elle soit préservée de toute attaque intérieure. Depuis que la lutte entre les classes s'accentue, nous voyons que l'armée est partout employée au profit de la bourgeoisie contre le prolétariat. On fait grand bruit autour des systèmes d'organisation militaire, et le parti radical attend des merveilles de la transformation des armées permanentes en milices nationales. Pour que les milices nationales aient leur raison d'être, il faut qu'elles soient à la hauteur des armées permanentes. Le résultat ne peut être atteint que par des sacrifices économiques identiques à ceux qu'exige l'armée permanente ; quant à la sauvegarde des traditions démocratiques, par la transformation des armées permanentes en milices, nous assistons en ce moment même à une expérience instructive ; depuis que la Suisse est entrée dans la voie de la *prussification* de son organisation militaire, tout observateur peut constater l'abandon de nos traditions démocratiques au profit de préoccupations toutes militaires : cette fièvre de militarisme sera l'un des agents de la destruction de l'ordre de choses actuel. Tous les Etats ont une dette publique considérable, et la banqueroute est inévitable. La Suisse n'a pu échapper à cette situation et elle sera fatalement entraînée sur la pente des autres Etats.

L'examen de la question politique nous permet de constater que la constitution des Etats, même démocratiques, ne sauvegarde ni les intérêts, ni les libertés du peuple, mais les intérêts de classe de la minorité qui domine. Les réformes que les radicaux cherchent à réaliser dans l'Etat, ne peuvent pas en modifier la constitution fondamentale, ni les institutions qui en sont la conséquence pratique.

Il nous reste à formuler le programme politique du parti socialiste :

Organisation de la souveraineté du peuple, d'une manière réelle, par la reconnaissance complète de l'autonomie et de la liberté des individus, des groupes, des communes, des fédérations.

Les organes au moyen desquels le peuple manifeste

sa souveraineté, ne sont plus l'Etat et les institutions qui en découlent, mais le corps de métier, la commune et la fédération.

Le peuple ne délègue plus sa souveraineté, mais l'exerce directement dans chacun des organes nécessaires à la satisfaction de ses intérêts. Les délégations qui pourront encore être nécessaires n'auront qu'un caractère purement administratif, toute action gouvernementale et autoritaire étant supprimée.

La formule, au moyen de laquelle les individus, les groupes, les communes s'engagent réciproquement, ne sera plus la loi unique, mais le contrat librement débattu et consenti dans les groupes et n'engageant que les contractants.

Les conflits qui surgiront seront réglés dans les groupes compétents par des tribunaux d'arbitres. Les affaires criminelles qui pourront se produire seront de la compétence de la commune ou de la fédération suivant leur importance.

Comme moyen de réalisation de ce programme, nous proposons : le soulèvement des communes contre la centralisation de l'Etat, pour la conquête de leur autonomie, puis la fédération révolutionnaire des communes pour la défense générale.

Révolution économique suivant le programme développé au chapitre traitant la question économique.

Prise immédiate de mesures extraordinaires pour empêcher toute manifestation contre-révolutionnaire.

Organisation de toutes les forces révolutionnaires, non-seulement pour la défense du foyer révolutionnaire, mais pour étendre le cercle d'action de la révolution, la généraliser. Permanence de l'action révolutionnaire, et par ce fait destruction des anciennes organisations militaires.

Mesures immédiates pour sauvegarder l'existence du peuple.

Comme moyen de préparation à cette action révolutionnaire, nous proposons :

La constitution du parti ouvrier sur les bases indiquées au programme économique du parti socialiste; cette seule organisation est déjà un fait révolutionnaire, puisqu'elle a pour but la défense des intérêts du travail contre ceux du capital.

Puis, pratique générale de l'abstention politique; cette abstention générale aurait pour conséquence d'isoler les classes gouvernantes de la masse du peuple, qui, se constituant au point de vue économique, pourrait, lorsque l'heure de la débâcle aurait sonné, faire crouler l'édifice de l'Etat et y substituer son organisation préparatoire. De plus, par son organisation, le peuple serait en mesure de résister à toutes les mesures réactionnaires que seraient tentés de prendre contre lui les gouvernements.

Dans les questions d'instruction et d'éducation comme dans les questions religieuses, nous ne sommes pas davantage d'accord avec le parti radical.

On ne peut nier que notre siècle, au moins dans certains pays, n'ait fait un gigantesque effort pour généraliser l'instruction, et le parti radical revendique comme l'une des réformes essentielles l'instruction primaire laïque et obligatoire. Ce sujet, pour être approfondi, demanderait une série de conférences; nous devons nous borner à énoncer les différences essentielles, sous ce rapport, entre le programme radical et le programme socialiste.

Ce que les radicaux désirent de mieux pour le moment, pour la masse des enfants du peuple, c'est une instruction élémentaire et primaire, c'est-à-dire la connaissance des notions qui peuvent servir à l'acquisition de connaissances supérieures. Pour les enfants privilégiés de la fortune ou habitant les villes, l'école secondaire complétéra cette première instruction, et un bien petit nombre pourra étudier les sciences. Cette seule organisation de l'instruction constitue une subordination morale de la masse à ceux qui auront été favorisés d'études scientifiques. Nous laissons de côté toutes les critiques spéciales qui pourraient être adressées à telle marche de l'enseignement, pour mentionner simplement cette inégalité devant les moyens d'instruction. Un autre vice essentiel dans le système d'éducation actuel, c'est le mode d'apprentissage. Après avoir fréquenté l'école jusqu'à quatorze ans, l'enfant doit apprendre un métier ; presque toujours il est vendu à un patron pour un certain nombre d'années, et il faut qu'au bout de son apprentissage, il soit un ouvrier. Le choix de la profession a été dicté par les nécessités économiques ; le patron voit dans son apprenti une jeune machine productive, et le plus souvent l'ouvrier, c'est une triste vérité, considère cet adolescent, non pas comme un futur compagnon de travail, mais comme un gamin pour lequel il n'a aucun égard ; tout dans cette existence d'apprenti contribue à tuer de bonne heure le sentiment de la dignité humaine. Ils sont rares ceux qui sortent, avec quelque vigueur morale, de cette fatale atmosphère. De culture intellectuelle, il n'en est pas question, et l'apprenti, devenu ouvrier, suivra l'exemple général.

Comme premier pas vers une réforme sérieuse dans l'instruction et l'éducation, les socialistes réclament l'affranchissement économique des classes ouvrières, car tant que le milieu social actuel existera, on pourra opérer, peut-être, quelques réformes scolaires, mais qui n'auront d'effet que partiellement ; la masse du peuple restera sous le poids de la misère qui l'étreint et de l'ignorance, sœur de la misère. Ensuite nous proposons un changement radical dans le programme d'instruction populaire. Il faut non-seulement apprendre à lire et à écrire aux enfants, l'instruction et l'éducation doivent être combinées avec la connaissance des sciences et l'enseignement professionnel. Dès les premiers pas dans la vie, le développement de l'enfant doit être dirigé dans ce sens.

Il en résultera alors l'égalité devant les moyens d'instruction, l'alliance de la science et du travail. L'affranchissement intellectuel et moral du peuple couronnera l'émancipation économique et politique.

Lorsque les socialistes affirment la nécessité d'une révolution sociale, les radicaux ripostent qu'il faut d'abord instruire le peuple avant de songer à autre chose. L'ignorance actuelle, la démoralisation, la dissolution des mœurs, sont des conséquences de l'organisation sociale existante, et ce n'est qu'en transformant cette organisation qu'il sera possible de supprimer l'ignorance et les conséquences qui en résultent.

Dans les affaires religieuses, les radicaux pris individuellement sont libres-penseurs, et en masse ils sont les ennemis de l'ultramontanisme et de l'orthodoxie protestante. Ils traitent les prétentions de ces deux sectes religieuses d'absurdes, par la simple raison, qu'elles travaillent à dominer le peuple au seul profit de la religion, tandis que les radicaux travaillent à ce que le peuple n'ait pas d'autre préoccupation que le salut de l'Etat. Mais les radicaux se regardent comme supérieurs à la masse, et s'ils admettent pour eux-mêmes la vérité scientifique, ils pensent que le peuple n'est pas mûr pour cette vérité. Ils ont dès lors inventé un système religieux de juste-milieu, assez élastique pour que les préoccupations de ce monde puissent y trouver place, tout en maintenant la vie religieuse pour la masse du peuple. On tonne à la fois contre les ultramontains et les orthodoxes qui poussent la religion jusque dans ses dernières conséquences, et contre le parti socialiste qui, en ce moment-ci, tend à devenir le parti, non-seulement de l'émancipation politique et économique du peuple, mais de la science indépendante.

Mais le christianisme libéral n'a été qu'un feu d'artifice; il est déjà en ce moment en pleine décadence, et nous n'aurons bientôt plus en présence que deux partis : celui de la réaction bourgeoise, autoritaire, militaire, religieuse, et celui de la révolution sociale ou de l'émancipation humaine de toute domination de classe, de toute exploitation politique, économique et religieuse.

Il nous reste à examiner un dernier point : le progrès s'opère-t-il par voie de réformes successives ou par voie de révolution? Dans ces temps-ci, le cri général est : « La période des révolutions est passée, c'est par de sages réformes qu'on réalise des progrès; aussi le parti radical, qui agit dans ce sens, est-il le parti de l'avenir, tandis que le parti socialiste, qui affirme la nécessité d'une révolution, est impuissant. »

Toute l'histoire de l'humanité, et tout spécialement l'histoire de la bourgeoisie, nous fournit la preuve que chaque fois qu'un nouveau principe a dû s'introduire dans les faits sociaux, c'est par voie de révolution qu'il s'est implanté. Les conséquences pratiques du principe ont pu être introduites par voie de réformes successives, mais le principe lui-même s'est implanté révolutionnairement.

L'affranchissement du prolétariat n'aura pas lieu autrement; tout ce qui est hostile à cet affranchissement est groupé sous le drapeau de la bourgeoisie, qui s'oppose par tous les moyens possibles à l'avènement du prolétariat, et tout ce qui est favorable à cet avènement se groupera autour du socialisme révolutionnaire.

En faisant abstraction de la puissance révolutionnaire des classes ouvrières, nous constatons que l'ordre actuel contient par lui-même des signes visibles de décadence, de dissolution; il sauterait de ses propres excès lors même que le prolétariat n'interviendrait pas.

La Révolution sociale est donc inévitable.

C'est à la masse des ouvriers à hâter le triomphe de la révolution en intervenant d'une manière permanente dans tout ce qui concerne l'organisation et l'action du parti socialiste.

Aux endormeurs qui affirment que l'émancipation du travail ne sera jamais réalisée, il faut citer l'histoire des partis politiques : comment sont-ils capables de réaliser leurs buts égoïstes, sinon par le concours de la masse des citoyens ? Que cette masse populaire abandonne ces partis politiques à leurs propres forces, qu'elle cesse d'envisager la Révolution sociale comme un but lointain, que cette révolution devienne à ses yeux le but immédiat, et alors toutes les préoccupations populaires et l'action publique du peuple changent radicalement de situation.

Il suffit d'un bien faible effort dans ce sens : l'ouvrier doit cesser d'envisager sa société de métier comme une simple société d'assurance mutuelle, mais la considérer comme le levier d'une nouvelle organisation sociale, lui consacrer toute l'intelligence, les préoccupations, l'activité qu'il a jusqu'à ce jour dépensées soit pour les religions, soit pour les partis politiques, ou les dissipations. Il doit se considérer comme un membre actif, sous tous les rapports, de son organisation ouvrière. Qu'une faible minorité seulement agisse dans ce sens, et les organisations ouvrières deviennent tout de suite une puissance réelle et entraîneront dans leur sein tout ce qu'il y a de vivant dans la classe ouvrière.

Tant que les sociétés ouvrières hésiteront à entrer dans cette voie, qu'elles s'obstineront dans le système mi-bourgeois, mi-socialiste qu'elles ont adopté pour attirer la masse sans l'effrayer, elles ne constitueront pas un centre d'action sérieux et resteront impuissantes.

La logique des événements est plus forte que la volonté des individus et des groupes. Les timides et les timorés seront entraînés malgré eux. Il y aura sans doute quelques natures d'esclaves qui trouveront mieux leur place au service de la bourgeoisie que dans les rangs du prolétariat révolutionnaire. Mais ceux d'entre vous qui ressentent la nécessité d'un changement, pourquoi hésiteraient-ils à rompre avec l'indifférence et à venir grossir les rangs de ceux qui luttent déjà? Le seul obstacle sérieux pourrait être la persécution; nous n'avons, chez nous du moins, pas de persécution publique à subir; quant aux persécutions privées, avec de la dignité et la pratique de la solidarité, il est possible de les braver. Par l'éducation morale qu'on nous a inculquée, nous avons appris qu'il était du devoir du citoyen de se sacrifier pour le salut de la patrie. L'horizon s'est élargi; nous avons une plus grande cause à faire triompher : celle de l'humanité. Il faut savoir lui faire le sacrifice de notre existence.